플랫폼에 이는 바람

미루나무숲에서 시인선 01

플랫폼에 이는 바람

초판 1쇄 펴낸날 2024년 6월 17일

지은이	김둘
발행인	한향희
발행처	도서출판 빨강머리앤
출판등록	제25100-2005-28호
주소	대구광역시 달서구 문화회관길 165, 대구출판산업지원센터 411호
전화	(053) 257-6754
팩스	(053) 257-6754
이메일	sjsj6754@naver.com
디자인	한향희

ⓒ 김둘, 2024

*이 책은 저작권법에 따라 보호받는 저작물이므로 무단복제를 금합니다.
*이 책 내용의 전부 또는 일부를 이용하려면 반드시 저작권자와
 빨강머리 앤의 서면 동의를 받아야 합니다.

플랫폼에 이는 바람

김둘 민조시집

시인의 말

스승께 드리는 헌사

그분을 스승 삼아 지나온 날들을 돌이켜보면 이렇게 더디 찾아가도 되는지 모르겠다고 생각하면서도 끝끝내 가보고 싶었던 곳에 발을 디딜 때의 감동을 잊을 수 없습니다. 오래전, 마음의 스승으로 삼고 아동문학가의 길을 걸으리라 다짐하며 지내온지 40여 년 만에 그분을 뵈러 떠났습니다. 지난 2019년 8월, 일본 이와테현 하나마키, 평화주의 동화작가 미야자와 겐지. 그 옛날 '은하철도의 밤'을 애니메이션화 했던 '은하철도999'를 사랑하지 않은 사람은 없었을 겁니다. 저도 그랬습니다. 그랬기에 언젠가 그 글을 쓴 작가를 찾아가 봐야겠다고 결심했고 2019년에 드디어 그 꿈을 이루었습니다.

이 민조시집의 제1부 '동화 나라 가는 길'은 2019년 처음으로 미야자와 겐지 선생의 고향 이와테 하나마키에 처음 입성한 때 습작해 두었던 시인데 이번에 첫 민조시집을 내면서 첫머리에 붙였습니다.

　제2부에서 제4부까지는 2024년 2월 8일~13일, 5박 6일 다녀온 일본 문학기행 중 '하나마키 편'을 추려 내어 엮은 것입니다. 1부의 시를 쓴 지 5년 만에 다시 가본 겐지 선생의 고향 땅에서 행복한 여행자로 지낸 며칠을 어찌 잊겠습니까. 그 마음 오래 간직하고파 우리 민조시로 일본 문학기행 '하나마키 편'을 엮어냅니다. 보다 더 자세한 여행의 기록은 '이하토브 일기, 그리워하고 사랑합니다'라는 제목의 여행집으로 묶어낼 예정입니다.

　제 민조시 집필에 정신적으로 도움을 준 분들이 있습니다. 미야자와 겐지 선생은 물론이고 일본의 유명한 하이쿠 시인 '마츠오 바쇼', 일본 최고의 단가 시인으로 알려진 '이시가와 다쿠보쿠', 그를 사랑해 마지않았던 시인 '백석'에 이르기까지 제 문학의 힘이 되어준 분들께 감사드립니다.

이 시집은 미야자와 겐지 선생께 헌사하는 선물입니다. 제 민조시가 미야자와 겐지 선생에 대한 존경의 뜻으로 집필된 것이라는 것은 누구라도 알 수 있을 것입니다. 그만큼 제게 큰 영향을 끼친 분이라는 것도 알 수 있을 것입니다.

이제 더 많은 사람과 평화를 기원하고자 합니다. 우리의 아름다운 민조시를 통해서 말입니다.

2019년 당시 이와테 여행을 마치고 국내로 돌아오는 비행기 안에서 겐지 선생에게 보낸 편지를 소개하는 것으로 인사를 마칩니다. 여러분들도 저와 더불어 아름다운 세상 함께 해 주시기 바랍니다.

2024년 4월,
미루나무숲에서 지정당芝庭堂에서 혜문慧文 김둘

미야자와 겐지 선생께

 겐지 선생, 이제 우리도 이별을 해야 될 때가 왔습니다. 이 넓은 이와테에서 선생의 발자취를 모두 다 찾지는 못했지만 그래도 후회하지 않을 만큼 열심히 걸어 다닌 걸 알고 계실 테지요? 그리고 선생께서 그러셨듯이 저 또한 이 세상의 평화를 위해 무어라도 하고자 한다는 것도 알고 계실 테지요? 어린 소녀였던 제가 이 은하의 밤을 찾아 40년을 기다려 이곳까지 왔다는 것도 알고 계실 테지요? 그렇다면 저와 인연도 퍽 소중하다는 것도 알고 계실 테고요.

 이제, 우리의 이별은 그저 시작에 불과한 것 같습니다. 이번엔 제가 이곳으로 왔으니 다음번엔 겐지 선생이 제가 사는 고장으로 한 번 오시지요. 거기도 자연이 아름답습니다. 사람도 아름답습니다. 거기는 저만의 이하토브가 있습니다. 선생이 꿈꾸었던 이하토브처럼 제가 꿈꾸는 이하토브는 〈미루나무숲에서〉라는 이름으로 존재합니다. 그곳에는 들판과 산과 강물 위로 오래된 제 꿈이 어디든 흐르고 있습니다. 어디를 가도 바람이 불고, 별도 있고 강물도 있지요. 그 아름다운 고장에서 살면서도 구태여 이곳으로 와 본 것은, 문학은 사람이 만들기 때문이고 그 사람의 흔적을 따라다니면 그 사람 문학을 알 수 있기 때문입니다. 선생의 여러 귀한 작품들이 어떤 경로를 통해 습작되었는지, 어떤 환경 속에서, 어떤 사람들과의 자극을 통해 탄생하게 되었는지 몸으로 느껴보고 싶었기 때문입니다. 선생의 작품을 좋아한다면 적어도 그러한 노력은 다 할 줄 알아야 선생께 대한 예의라고 생각했기 때문입니다.

설마, 책상에 앉아서 글만 쓸 리가 있겠나 했는데 역시나 그랬습니다. 선생의 작품은 거의 발로써 씌어진 것이었습니다. 그것이 문학의 힘이겠지요. 세상과 담을 쌓고 귀를 막고 몸을 웅크리고는 이 세상의 이야기를 들을 수 없음이지요. 세계 대문호大文豪들의 작품이 결국 삶과 맞닿아 있는 감각을 바탕으로 쓰였다는 것을 온몸 사무치게 깨달을 수 있는 기회가 되었던 여행이었습니다.

저는 선생이 걸었던 그 강가에서 바람의 마타사부로를, 캄파넬라와 조반니를 만났습니다. 강을 따라가거나 바라보면서 그 세계들과 교감하며 수많은 이야기들을 만났지요. 당신이 그렇게나 걸어 다녔다는 그 숲 어딘가에서 사냥꾼 고주로와 그를 아끼던, 그러나 차마 고주로를 죽이지 않을 수 없었던 곰의 흔적도 본 것 같습니다. 당신이 꿈꾸던 이하토브는 후세에 의해 당신이 꿈꾸던 그 이상으로 아름답게 장엄되고 있습니다. 비록 선생 생전에는 보지 못했던 아름다운 세계를 후손들이 멋지게 만들어가고 있으니 얼마나 뿌듯하고 행복하신지요?

생명이 아름답고 고귀하다는 것을 알리기 위해 온 힘을 다해 습작했던 당신의 그 발자취를 따라다니면서 저 자신, 이번에 조금은 더 분명한 목표를 갖고 되었고, 지금껏 걸어왔던 대로 앞으로도 신념을 가지고 좀 더 힘을 내서 제 갈 길 걸어간다면 역시 저도 이 세상에 한 줌 소중한 일을 하고 떠나는 것이 된다는 것을 다시 확신합니다. 그러려면 천문학적인 에너지가 필요할 것입니다. 사람에게 주어진 이 물리적인 힘 말고도 정신의 힘이, 이번 생을 아우르는 절대 꺼지지 않을 불꽃의 힘이 필요할 것이며 그것은 인간 내면의 힘이란 것을 알고 있으니 굳세게 전진하면서도 감히, 대우주大宇宙 앞에서 미미한 존재에 불과한 우리 자신을 스스로 낮추며 겸손한 자세로 살아가야 할 것입니다.

  사람이 사는 곳엔 사랑이 있습니다. 선생이 그랬듯이 저 또한 그 사랑의 힘을 믿고 우리 모두 그 사랑의 힘으로 이 세계를 버텨내야 하리라는 것을 세상에 알려주었으면 싶습니다. 그렇기에 제 글 쓰는 손에도 힘이 필요합니다. 그래서 저는 스스로 가슴에 영원히 꺼지지 않을 불새 한 마리가 살 수 있는 든든한 나무가 되려 합니다. 불새는, 당신의 작품 속 어딘가에서 반짝이는 구슬처럼 결코 죽지 않다가 어느 날 내 가슴에 침전하면 조금씩 힘을 잃어갈 것입니다. 그것을 알기에 저는 조금 더 정의롭고 뜨거운 글을, 순수하면서도 열정적인 이 세상의 이야기를 힘차게 전할 수 있었으면 좋겠다고 생각합니다. 한 그루의 나무로 세상을 살아가면서 수많은 이야기들을 이 세상에 남겨 놓고 갔으면 참 좋겠다고 생각합니다.

어느 날, 저도 스러져 어느 별이 되리니 곧 당신을 은하의 어디메쯤 만날 수 있겠지요. 이제 즐거운 발걸음으로 제가 있던 곳으로 돌아갑니다. 그러면 우리, 다음번엔 제가 사는 고장에서 만나는 걸로 알겠습니다. 오실 때 꼭 연락 주시고 한국말을 잘하지 못하더라도 걱정하지 마시고 편안하게 오시기 바랍니다. 우리가 사는 이곳은 언어나 국적은 의미가 없습니다. 우리는 영혼으로 함께 할 수 있는 세계에 살고 있으니까요. 그럼, 즐거운 마음으로 방문해주시기를, 언제까지나 기다리겠습니다!

2019년 8월 27일,
미루나무숲에서 혜문정慧文庭에서 혜문慧文 김둘

차례

시인의 말

제1부_ 동화 나라 가는 길

초승달	20
비밀	21
고적한 집	22
빗속에서	23
동화 나라 가는 길	24
사냥꾼	25
꽃시계	26
동화촌	27
십자성	28
환희	29
여독餘毒	30
광장	31

어둠	32
소용돌이	33
개구리	34
연못	35
고수	36
빗속 풍경	37
여름	38
비	39
기적소리	40
장마	41
수평선	42
영원	43
약속	44

제2부_ 레일 위의 꿈

재회	48
선율	49
운명이여	50
레일 위의 꿈	51

밤별	52
끼니	53
그림	54
먼	55
함께	56
은사시나무	57
신념	58
묘소 1	59
묘소 2	60
대의大義	61
겨울 벚나무	62
스승	63
그리움이여	64
평화	65
비상飛翔	66
천운天運	67
사랑이 남은 땅	68
만남이여	69
꿈꾸는 세상	70
공원의 바람	71
비애悲哀	72

제3부_ 사랑의 이름

자비	76
혁명	77
풍요	78
축제	79
곁	80
합일合一	81
기대	82
마중	83
겨울 호수	84
걸음	85
귀인貴人	86
공허	87
뒤안길	88
엇갈림	89
결	90
시비詩碑	91
단심丹心	92
동지同志	93
고도古道	94

먼 길을 달려 왔으나	95
검은 집	96
사랑의 이름	97
은하철도	98
의식意識	99
찰나刹那	100

제4부_ 위대한 꽃밭

거인巨人	104
순박한 삶	105
꿈꾸는 사람	106
뜨거운 땅	107
꿈의 힘	108
은하銀河의 시간	109
행복의 조건	110
먼발치	111
세월	112
한 길	113
존경	114

위대한 꽃밭	115
나날	116
사모思慕	117
호두의 숲	118
여름날	119
불이不二	120
안부	121
빈자리	122
동행同行	123
눈물	124
화촉華燭	125
기약期約	126
계절	127
플랫폼의 바람	128

여행기_ 영혼의 바람이 불다

제1부 동화 나라 가는 길

초승달

까마귀

바람 따라

숲이 되었네

곧 저문 달이여.

비밀

오래된

돌성 사이

숨겨져 있는

동화 작가의 눈.

고적한 집

비 오는
들판 위에
쓸쓸히 섰네
검푸른 안식처.

빗속에서

우산을

받쳐 들고

고개 숙였네

차오르는 감격.

동화 나라 가는 길

나무길

올랐더니

유리의 성문,

환상 동화 나라.

사냥꾼

착한 곰

만났지만

그 선한 눈빛

죽이지 못했네.

꽃시계

꽃이 된

시계추가

한여름 낮을

맴도는 고적함.

동화촌

검은 새

잿빛 깃털

펄럭거리는

꿈결 같은 마을.

십자성

자수정

불빛들이

점점이 빛난

은하의 밤이여.

환희

창문 틈

들려오는

새의 지저귐

이유 없는 눈물.

여독餘毒

막차를

기다리는

초췌한 모습

여행의 끝자락.

광장

기차가

저편에서

돌아 나갈 때

커지는 아쉬움.

어둠

구름 속

달빛 아래

고요히 내려

물결 업은 심연深淵.

소용돌이

먼 산을

돌아 나와

뜨겁고 굳센

마음속 치솟음.

개구리

발밑에
폴짝 뛰며
눈인사 하네
깨진 구름 깃털.

연못

나그네

던져놓은

시 한 수 먹고

하루를 노닌다.

고슈*

레일 속

은하의 길

우주로 열린

낮은 첼로 소리.

---

* 고슈 : 미야자와 겐지의 동화 '첼로켜는 고슈'의 주인공.

빗속 풍경

비 오자

길 열리는

간이역 문 앞

환상의 스크린.

여름

첫 만남

기억 속의

수박과 포도,

얼룩진 헤어짐.

비

그 어느

한 여름날

폭우 속 우리

쓰린 인연이여.

기적소리

저 먼데
철교 위에
고색창연한
미지의 메시지.

장마

차오른

황토물 위

덜컹거리는

종점 없는 나락.

수평선

바다 끝

머나먼 섬

새들의 비상

죽음 같은 비행.

영원

십자성

심장으로

떠나간 이는

다시 오지 못해.

약속

언젠가

오리라고

돌아선 걸음

기약할 수 없네.

제2부 레일 위의 꿈

재회

비 오는

역에 서서

돌이켜보네

오 년 전 첫걸음.

선율

은하의

세계 속에

울려 퍼지던

서투른 첼로 음.

운명이여

철로의

쇠바퀴가

서로 만났네

어두움 속에서.

레일 위의 꿈

늦은 밤

기차에서

내일 꿈꾸는

우리의 이상향.

밤별

은하 속

나그네여

그대 꿈속엔

무슨 그림 있나.

끼니

따뜻한

우동 국물

감사히 먹은

여행자의 단잠.

그림

찬 서리

내려앉은

온천의 아침

봄날을 그리네.

먼

첫 기차

출발하는

작은 시골 역

머나먼 은하여.

함께

그 옛날

지나갔던

그의 발자국

차곡차곡 걷네.

은사시나무

백색의

나무처럼

눈이 부시네

빛났던 그의 생.

신념

한사람

위해서만

살진 않으리

헌신의 다짐들.

묘소 1

측백의

병풍 속에

단아한 숨결

그리운 사람아.

묘소 2

사람의

소리 듣고

더 힘을 내는

사자死者들의 영혼.

대의 大義

나라의

경계 없네

이념의 분란

의미가 없다네.

겨울 벚나무

땅끝에
가지 끝이
울울이 닿네
시인의 꽃가지.

스승

바람벽

막고 서서

맞이해 주는

그분의 따신 품.

그리움이여

두 손을
가지런히,
향 피우려네
그리워지려네.

평화

참새들

반겨주는

흙 마당 위에

사자死者의 안식처.

비상 飛翔

슬픔이

행복으로

날아 부르네

시련을 딛고서.

천운天運

하늘이

도와주심

감사하려네

이곳에 온 것에.

사랑이 남은 땅

고향 땅
햇살 받은
양지 땅 한켠
남은 사랑이여.

만남이여

평화로

감싸 안은

측백나무숲

병풍 앞 고운 이.

꿈꾸는 세상

현실은

아프지만

꿈꾸는 자는

영원을 산다네.

공원의 바람

이상향

본떠 만든

공원 안에는

바람의 노래가.

비애悲哀

배고파

고단했던

고향의 빈곤,

간절한 노력자.

제3부 사랑의 이름

자비

배고픈

사람 없게

발로 뛰었던

존귀한 실천가.

혁명

허기진

농민들을

안쓰러워한

그 작은 혁명가.

풍요

이제는

고향 사람

배가 불러서

노래를 부르네.

축제

따시한

메밀국수

한 그릇 먹고

배를 탕탕 치네.

곁

오고 간

발걸음이

추억이 되어

감동을 전하네.

합일合一

골목길

따라가면

바닥의 홈에

합쳐진 발자국.

기대

바람을

따라가면

어디서인가

만날 것만 같아.

마중

북상천

걷고 있는

찬바람 속에

그가 내민 두 손.

겨울 호수

백조가

청빛 물결

노닐고 있네

시인의 꿈이여.

걸음

시인을

찾아가는

마음속 울림

한가득 설레임.

귀인貴人

논둑길

저 멀리서

달려 온 사람

시인이 보냈나.

공허

한여름

해안가를

찾아갔으나

인적 하나 없네.

뒤안길

강물에

잠겨버린

시인의 해안

이제는 못 보네.

엇갈림

큰비에

불어 오른

강물 속 깊이

무심한 그림자.

결

인생이

다르듯이

강의 빛깔도

천상의 빛이라.

시비 詩碑

눈발이

날리더니

한 폭 그림 된

외로운 유고시 遺稿詩.

단심 丹心

말없이

알아주는

그 한 사람이

단 하나의 사랑.

동지同志

오래된

차를 타고

함께 했던 이,

시인의 전령사.

고도古道

아무도

몰랐더라

둑 아래 강가

은하의 산책길.

먼 길을 달려왔으나

일 년에

단 두 번만

열린다 하네

시인의 해안 길.

검은 집

해 질 녘
다시 찾은
잿빛 집이여
꿈에라도 만나.

사랑의 이름

세월이

지났지만

그의 사랑은

고향 땅 곳곳에.

은하철도

땅 위에

누워서 본

흑빛 하늘로

기차가 떠나네.

의식 意識

적막 속

반짝이는

그 무엇 하나,

꺼지지 않는 별.

찰나刹那

시작과

지나감과

멈춤의 시간

은하 속 회오리.

제4부 위대한 꽃밭

거인 巨人

바람 속

은하 철교

시인의 펜이

세상 움직였네.

순박한 삶

한 줌의
쌀을 쥐고
이웃들의 정
챙기고 살았네.

꿈꾸는 사람

조그만

노트에다

그려 내려간

험난한 이상향.

뜨거운 땅

거친 흙

밟으면서

고뇌에 찼던

열정적인 평생.

꿈의 힘

진실한

삶을 살던

한 사람의 꿈

세상을 위로해.

은하銀河의 시간

시작과

끝이 없는

은하 속 시간,

우리 삶은 축제.

행복의 조건

행복은

사소한 일,

작은 몸으로

실천하는 순간.

먼 길을 달려왔으나

일 년에

단 두 번만

열린다 하네

시인의 해안 길.

검은 집

해 질 녘
다시 찾은
잿빛 집이여
꿈에라도 만나.

사랑의 이름

세월이

지났지만

그의 사랑은

고향 땅 곳곳에.

은하철도

땅 위에
누워서 본
흑빛 하늘로
기차가 떠나네.

의식 意識

적막 속

반짝이는

그 무엇 하나,

꺼지지 않는 별.

찰나刹那

시작과

지나감과

멈춤의 시간

은하 속 회오리.

제4부 위대한 꽃밭

거인巨人

바람 속

은하 철교

시인의 펜이

세상 움직였네.

순박한 삶

한 줌의

쌀을 쥐고

이웃들의 정

챙기고 살았네.

꿈꾸는 사람

조그만

노트에다

그려 내려간

험난한 이상향.

뜨거운 땅

거친 흙

밟으면서

고뇌에 찼던

열정적인 평생.

꿈의 힘

진실한

삶을 살던

한 사람의 꿈

세상을 위로해.

은하銀河의 시간

시작과

끝이 없는

은하 속 시간,

우리 삶은 축제.

행복의 조건

행복은

사소한 일,

작은 몸으로

실천하는 순간.

먼발치

중절모

눌러쓰고

세상 고뇌를

거두어 안는다.

세월

시인이

거닐던 땅

고향 사람의

공원이 되었네.

한 길

아무도

모르는 길

혼자서 가네

그 모습은 노을.

존경

어디를

가더라도

애정의 자리,

엄숙한 교육자.

위대한 꽃밭

여동생

꽃밭 위해

씨를 뿌리며

평화를 노래해.

나날

강가를

바라보는

시인의 몸에

차오르던 고독.

사모 思慕

강가를

걸어가며

그를 찾아도

어디에도 없네.

호두의 숲

그 옛날

들어갔던

문은 막히고

인적 없는 슬픔.

여름날

호두 숲

아래에서

얘기 나눴던

그 여름 낮 한때.

불이 不二

강물을

바라보며

행복하다오

말하던 그 웃음.

안부

편지를

보냈지만

소식이 없어

찾아 와 보았네.

빈자리

노트에

적힌 시를

읽어 주던 이

이제 그는 없네.

동행 同行

전봇대

앞에 서서

어깨를 대고

함께 찍던 사진.

눈물

찾아와

만나려니

작년 이 맘께

저세상 갔다네.

화촉 華燭

단 한 번

만난 사람

떠나간 이여,

서로 위로해 주네.

기약期約

또다시

만나자고

멀어져서도

손 흔들어 보네.

계절

여름의

추억으로

겨울에 와서

다시 떠나가네.

플랫폼의 바람

머리칼

날리면서

다시 둘러본

그리울 플랫폼.

| 행선지 |

1. 신 하나마키역 新花巻駅
   주소 : Iwate Hanamaki Koshio 1-Chome

2. 쓰치자와역 土沢駅
   주소 : Iwate Hanamaki Tsuchizawa Towacho 8-Ku

3. 신조지 身照寺(宮澤賢治墓所) Shinshōji
   주소 : Iwate Hanamaki Ishigamicho 389

4. 하나마키시문화회관 花巻市文化会館 Hanamaki Cultural Center
   주소 : Iwate Hanamaki Wakabacho 3-chome-16-22

5. 겐지문학산책로 賢治文学散歩道 Miyazawa Kenji Poetry Tablet
   -「雨ニモマケズ」詩碑
   주소 : Iwate Hanamaki Sakuramachi 4-chome

6. 이기리스해안 イギリス海岸 Igirisu Kaigan(The English Coast)
   호두의숲 くるみの森
   주소 : Iwate Hanamaki Kamikobunato,

7. 라스치징협회 羅須地人協会
   Rasuchijin Association
   주소 : Iwate Hanamaki Kuzu1-68

8. 암근교 岩根橋 Iwane Bridge
   ~ 제1은하대교, 제2은하대교
   주소 : Iwate Tono City Shimomiyamori
         Miyamoricho

9. 묘엔지 妙円寺 Myoenji +
   린푸샤 林風舍 Rinpusha
   주소 : Iwate Hanamaki Atagocho 7-53

10. 하나마키역 花巻駅
    주소 : Iwate Hanamaki Ōdōri 1-chōme

| 여행기 |

영혼의 바람이 불다

김둘

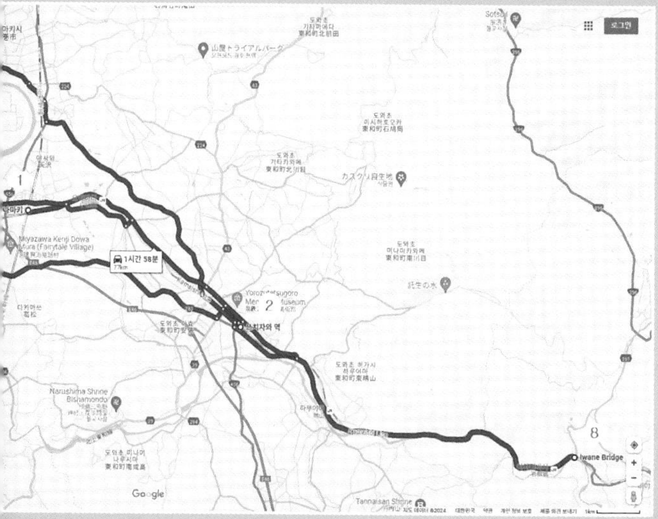

여행기

영혼의 바람이 불다

1. 신 하나마키역 _{新花卷驛}

어두운 차창이 슬그머니 멈추어 서기 시작했다. 나는 여행 가방을 챙겨 들고 일찌감치 기차 복도에 나와 있었다. 곧 도착한다. 검은 창에 비친 내 모습은 옛날 그 사람이 아닌 것 같다. 2019년 8월 그해 여름, 이와테 일대를 여행하며 미야자와 겐지 선생의 발자취를 찾아다니며 큰 위로와 용기를 얻었던 그 날들의 정경이 눈앞에 선하다. 그로부터 5년을 더 살았다. 일본 이와테현 하나마키, 겐지 선생의 고향은 늘 내 마음에 살아 있다. 첫발을 내디뎠을 당시의 어리둥절함을 뒤로하고 한 걸음 한 걸음 얼마나 충실하고 정성스러운 시간을 보냈던가. 그날의 여행이 내 생애 마지막 하나마키 여행일 거라 생각했다. 그래서 더 간절하게 겐지 선생의 그림자를 밟았더랬다.

단 8일 만의 여행으로는 그분 평생의 족적을 모두 밟을 수 없었다. 그래서 나는 다시 그의 흔적을 찾아가기로 하고 5년 만에 여행 가방을 꾸렸다. 이번에는 그분의 묘지에 들러 신명 나게 대화를 해볼 참이었다. 내가 걷는 작가의 길, 내 삶의 길, 그리고 앞으로 나아가야 할 길에 관한 대화를 나누고 싶었다.

"이번 역은 신 하나마키역, 신 하나마키역입니다."

생각을 깨우듯 신칸센에서 안내 음성이 들렸고 드디어 열차 문이 열렸다. 앞뒤로 배낭을 메고 있는 두 명의 외국인과 나 외는 아무도 내리지 않는 시골 역에서 나를 맞이한 건 '이와테'라고 적힌 깃발이었다. 나는 그 앞에서 두 팔을 높이 처들고 외쳤다.

"오, 드디어 다시 왔다!"

흥분은 잠시, 곧 시간표를 찾기 시작했다. 숙소에 가려고 하면 '가마이시선釜石線'을 타야 한다. 지금까지 타고 온 신칸센과 다른 재래열차, 시간을 놓치면 숙소에 갈 방도가 없다. 마침 역 내에 가마이시선 시간표를 확인하니 곧 도착한다. 신 하나마키역 바로 옆으로 가면 그 열차를 탈 수 있다. 문을 밀치고 밖으로 나가자 어둠 속에서 신선한 향이 코끝을 스친다. 이와테만의 흙냄새, 그리고 북상천이 가져다주는 영원의 공기 냄새! 먼발치 가서 역을 돌아보니 기차가 은하를 향해 나갈 듯 신 하나마키역의 현판 위로 빛나는 별들이 변함없이 반짝이고 있다.

역 광장에는 어둠 속에서도 확연히 빛나는 물체가 있었다. 아마 은하철도 조형물이거나 '첼로 켜는 고슈[1]'의 등장인물을 새겨놓은 벽화들이겠지. 다가가보니 5년 전과 마찬가지로 은하철도와 첼로 켜는 고슈가 여행자를 반갑게 맞이해준다. 어둠 속에서 늠름하게 자리를 지키고 있다. 재래열차를 타려고 방향을 돌리자, 부슬부슬 비가 내린다. 겨울비가 내리

---

1) 미야자와 겐지의 동화 제목.

네, 우산이 있어야 할까? 검은 하늘을 보니 어느새 반짝이던 별들은 사라지고 없다. 별들이 마중해 준 오늘의 여행이라! 이 낭만적 여행의 시작이라!

  시간이 지체될까 하여 재래선 대합실로 빠른 걸음으로 들어가 보니 동그란 모양의 벽시계가 저녁 7시 49분을 가리키고 있다. 이 열차를 타고 몇 정거장 뒤에 내린 뒤 숙소를 찾아가야 하는데 버스가 있을지 모르겠다. 곧이어 기차 소리가 들리고 재래선 한 대가 도착했다. 나는 낯선 이름의 '쓰치자와역'이라는 이름을 몇 번이고 되뇌었다.

2. 쓰치자와역 土沈驛

  허물어져 가는 낡은 역에 내렸다. 역무원도 없고 허름한 건물이며 조명도 겨우 한 개 정도만 흐릿하게 앞을 비춰주는 정도였다. 밖은 칠흑같이 검다. 숙소로 갈 수나 있을까? 역 앞 거리에는 불빛마저도 없다. 캐리어를 끌고 역 앞으로 나와보니 버스 정류소라고는 안 보이고 사람 흔적도 없다. 택시라도 있으면 좋으련만 어디에도 도움을 청할만한 곳이 보이지 않는다. 난감하여 주변을 둘러보다가 한 줄기 불빛이 비치는 건물이 있어 그쪽으로 향했다. 작은 사무실에 한 남자가 있어서 창문을 두드렸다. 그분에게 택시를 어떻게 부르냐고 물어보니 자신이 택시 기사이고 목적지를 말해주면 택시 운행해 주겠다고 한다. 그렇게 그분의 택시를 타고 숙소로 향했다. 사람은 어떻게든 살아갈 수 있다는 사실을 다시금 떠올리며 택시 속 어둠 속에서 안도의 미소를 지었다.

다음날 다시 아침에 쓰치자와역에 다른 기차를 타려고 갔을 때 깜짝 놀라고 말았다. 밤에 본 그 초라한 역이 사실은 미야자와 겐지의 동화 '은하철도의 밤銀河鐵道の夜'에서 주인공이 은하철도를 타는 첫 기차역이라는 사실을 알게 되었다. 역 바로 앞에 미야자와 겐지를 상징하는 조형물을 볼 수 있었고 이 역과 겐지의 관계에 대해서도 자세히 알 수 있었다. 여행을 계획할 때는 이 사실을 감쪽같이 몰랐다. 그저 숙소를 이쪽 근처로 정했기 때문에 들르게 된 역이었는데 이곳이 우리에게 알려준 '은하철도999[2]'의 원작 '은하철도의 밤'의 묘미를 불러일으켜 준 열차 여행의 첫 출발점이라는데 크나큰 감동

이 일었다. 어제 저녁에 택시를 탔던 장소를 살펴보니 보잘것없는 창고처럼 보였다. 그때는 어둠 속에서 사무실의 희미한 불빛을 발견하고 얼마나 기뻐했던가. 무엇보다 즐거운 것은, 이틀 동안 묵을 숙소 왕래를 위해 이 역을 여러 번 다녀야 한다는 점이었다. 나, 이제 상상의 나래를 더욱 펼쳐 보리라.

3. 신조지 身照寺 (宮澤賢治藝所) Shinshōji

하루를 잘 묵고 하나마키역으로 향했다. 하나마키역은 5년 전 여름에 숱하게 지나다녔던 곳이다. 오늘 처음으로 향하는 곳은 겐지 선생의 묘지. 수십 년 동안 그의 존재를 가슴에 묻고 살아왔기에 그의 죽음을 확인하는 일은 잔인한 일일지도 모른다. 하지만, 육체를 버림으로 해탈에 이른 그분에게 있어 이생에서의 죽음은 슬픈 것만은 아닐 것이라는 생

---

2) 일본 애니메이션. 미야자와 겐지의 '은하철도의 밤'을 모티브로 제작한 작품.

각이 든다. 해서, 유쾌한 마음으로 그의 묘지를 찾아가기로 했다.

하나마키역에서 내려 걸어서 50여 분 걸린다고 하니 그의 고향 땅을 천천히 밟아가며 묘지를 찾아보기로 했다. 조그만 도시 곳곳에 중절모를 쓴 겐지를 기념하는 기념 판들이 서 있다. 지나가는 길 곳곳에 그를 추모하는, 또는 안내하는 글을 보니 역시 시인은 죽어도 죽은 게 아니라는 것을 절감했다.

조용한 마을을 지나며 그가 이 길을 걸었을 때를 상상해본다. 그가 농업학교 교사였을 때 다니던 길은 그를 그리워하는 사람들에게 추억의 장소가 되어 있었다. 나도 그 길을 따라가며 오롯이 그의 발자취를 느낄 수 있었다. 하나마키문화회관 근처 옆에 조그만 공원이 있었는데 지금은 그를 기념하는 공원이 되어 있었다. 조용한 휴일, 사람들은 공원을 거닐며 이야기를 나누고 있었다. 그가 사랑해 마지않았던 고향 땅은 이미 우리에게 이렇게 좋은 선물이 되어 주었다. 한 사람의 거룩한 정신이 이렇게 남은 사람들에게 그리움이 될 줄이야!

공원을 비켜선 쪽에 절이 있었다. 그 안에 가족묘가 있으며 그의 묘가 함께 하고 있다고 한다. 이제

곧 그 묘를 보겠구나, 떨리는 마음으로 절 입구를 들어섰다. 입구에는 크나큰 벚나무가 있었다. 나뭇가지는 길게 늘어뜨려져서 오가는 이들의 손을 스치기도 했는데 봄날이 되면 이 큰 벚나무의 꽃을 보러 오는 이들로 인산인해를 이룬다고 한다. 봄날에 오지 않아 다행이지, 사람들 틈에 끼어서야 어떻게 그분과 대화를 나눌 수 있겠나. 절 뒤편에 묘지 안내판이 있다. 조용하고 파란 하늘 아래 들어선 미야자와 겐지의 가족묘는 단아하고 말끔했다.

그의 묘는 가족묘 옆에 따로 안장되어 있었다. 조그맣고 깨끗한 돌 아래, 그의 묘 뒷벽에는 푸르디푸른 측백나무로 장엄 되어 있었다. 다른 묘지와 다른 점이라면 이 아름다운 작가의 정신을 기려서인지 푸른 병풍처럼 둘러쳐진 측백의 행렬이 숙연하게 느껴진다는 것이다. 아무도 찾지 않는 한 겨울 한 낮, 그를 찾아온 한국인 여성을 그는 어떤 눈으로 바라보고 있을까. 생시에 인연 맺은 적도 없는, 그러나 스스로 당신을 스승이라 부르는 이 여행자를 어찌 생각할까. 그러면 어떠랴. 사람의 정신은 공간의 한계를 느끼지 않는다. 우리들의 정신은 언제까지나 어디까지나 맞닿을 수 있다. 그의 뼈가 땅에 묻혔어도 영혼만은 사멸된 것이 아니라는 걸 안다. 그렇기에 나 또한 생존하면서 육신의 생사에 연연하지 않으려 한다.

그의 묘 앞에 합장하며 그의 이름을 불러 보았다. 묘에서는 따뜻한 땅의 기운이 휘돌고 있었다. 나는 그 가운데서 곧 봄이 오리라는 그의 목소리를 들은 듯도 하다. 또, 자신만을 위해 세상을 사는 것은 부질없는 일이라는 것을, '우리들의 세계는 언제까지나 사랑'이라고 말하는 조용한 목소리도 들은 듯하다. 그리하여, 벅차오르는 가슴을 어찌할 수 없었다.

그런 찰나, 그의 혼이 내 오른쪽 어깨로 날아오르며 동행을 자처하고 있다는 것을 느낄 수 있었다. 감히 그와 함께 라면 어떤 힘든 일이라도 해 낼 수 있을 것 같은 확신이 들었다. 이렇게 나는 그의 뼈가 묻혀 있는 이곳에서부터 그의 혼과 함께 남은 여정을 함께 걸어가 보기로 했다.

4. 미야자와 겐지 '비에도 지지 않고' 시비(詩碑)

- Miyazawa Kenji Poetry Tablet 「雨ニモマケズ」詩碑

어깨에 나비처럼 내려앉은 스승의 영(靈)을 보듬고 절에서 나왔다. 언젠가 다시 이 분을 다시 묘소에 모셔다드리러 와야겠다는 생각과 함께, 언제가 될지 모를 기간 동안 함께 이상향을 그려볼 수 있다는 것이 행복했다.

이정표를 찾아 다음 목적지로 향한다. 다음 가볼 곳은 겐지 선생의 시비 '비에도 지지 않고' 시비는 북상천을 바라보는 곳에 있다고 하니 강을 따라 올라가야 한다. 그쪽으로 출발하기 전, 점심이라도 먹고 가야 하지 않겠나 싶었는데 겐지 선생 묘소를 찾기 위해 지났던 공원이 북적북적한다. 무슨 행사라도 하는가보다 싶었더니 문화회관 앞마당에 푸드 트럭이 앞마당을 가득 채웠고 큰 현수막이 바람에 펄럭이고 있었다.

'제66회 완코소바 전(全) 일본 대회, 2024년 2월 11일, 원조 하나마키'

우와, 소바 대회를 이렇게 하는구나. 어디서 이렇게 많은 사람이 왔는지 문화회관 앞마당에는 어느새 사람들이 그득하고 푸드 트럭에는 온갖 맛있는 음식 냄새가 코를 자극한다. 소바 한 그릇 먹고 출발해야겠다 생각하고 문화회관 안으로 들어갔다.

신기하고도 신기하여라, 마침 배고프던 차에 이렇게 흥겨운 식사를 하게 되다니 고맙고 고마워라, 마치 스승이 앞길을 밝혀주는 듯 행복한 축제의 시간!

  회관 강당에서는 멋진 행사가 열리고 있었고 다들 열심히 소바를 먹고 있었다. 나도 한 곳에 들러 유부 소바를 주문하여 한 그릇 먹었다. 이제 이곳은 그 옛날 겐지 선생이 살던 시대의 가련한 하나마키가 아니다. 고향 사람들의 굶주림을 가슴 아프게 바라보았던 겐지 선생, 이제 이렇게나 풍요로워진 고향 마을의 축제를 보며 얼마나 흐뭇해하실까.

  회색 구름이 낮게 깔린다. 소바를 맛나게 먹고 배를 탕탕 치며 여유롭게 시비를 찾아 나선다. 강을 따라 한참을 걸어 올라가야 한다. 버스 타기가 애매해서 문화회관에서 강까지 걸어갔다가 다리를 건너 강줄기를 따라 찾아가 보기로 했다. 드문드문 먹구름이 하늘을 수 놓는 가운데 신비로운 햇살이 내리쬐었다. 마치 그 햇살이 먼 타국땅에서 온 여행자의 앞길을 열어주듯 안온함이 내 주변을 감싸주었다. 강바람이 찬 바람의 기운을 몰고 와 볼을 스칠 때의 스산함은 아직 겨울 강가가 만만치 않음을 알려주고 있었다.

'미야자와 겐지 시비 입구, 남남동南南東 1킬로미터' 라는 표지판이 보인다. 1킬로미터만 가면 된다고 하고 걸어가 보지만 역시 타국에서 길 찾기는 쉽지 않다. 방향을 잃어버려 여러 번 길을 다시 찾기를 반복한 후에야 시비 입구에 도착했다.

시비詩碑는 생각했던 것보다 외진 곳에 있었다. 잔뜩 긴장하고 걸어왔던 탓에 삼나무 터널 입구 앞에서 조금 쉬었다가 일어나기로 했다. 이제 양측으로 늘어선 키 큰 삼나무 속으로 들어가면 그의 시비를 만날 터이다.

바로 그때였다. 내가 한 걸음을 뗐을 때 정말로 기이한 일이 일어났다. 여태까지 세찬 바람만 불던 공기가 일순간 조용해지더니 갑자기 하얀 눈이 펑펑 내리기 시작한 것이다. 예상치 않았던 눈이었다. 눈이 올 날씨는 전혀 아니었지만, 뜻밖에도 폭죽처럼 터진 하얀 눈! 삼나무 터널을 걷기 시작한 그때부터 줄곧 눈은 펑펑 내렸다. 그때, 이런 생각이 드는 것이다. 겐지 선생이 5년 만에 다시 찾아온 나를 위해 이런 선물을 준비한 것이 아니겠는가! 그리하여 나는 동화의 한 장면처럼 눈 오는 삼나무 사이를 천천히 걸어 들어가 꿈처럼 그의 시비를 만났다.

시비 앞에 서자 또 다른 기묘한 일이 일어났다. 한참 동안 눈을 맞으며 감회에 젖어 있는데 뜻밖에 나타난 일본인. 그는 누구보다도 겐지에 대해서 많이 알고 있었다. 그리고 세간에 잘 알려지지 않은 겐지의 이야기와 시비가 있는 그 땅에 관한 이야기를 속속들이 들려주었다. 겐지가 그의 여동생을 위해 아름다운 꽃밭을 만들었다는 이야기를 들었을 때는 가슴이 뭉클했다. 그것은 이 세상에서 가장 위대한 꽃밭이 아니었을까. 그 옛날 라스치징협회 이야기, 폐병으로 고생한 여동생과 함께 살며 오누이의 정을 나누었던 아름다운 이야기들…. 책에서조차도 찾아낼 수 없는 주옥같은 이야기들을 듣는 내내 눈은 여전히 함박함박 내렸다. 눈이 그분의 선물이라는 것이 증빙된 것은 시비를 보고 되돌아와 다시 삼나무 앞에 섰을 때 드러났다. 삼나무 길을 빠져나오자마자 신묘하게도 눈이 멎어버린 것이다. 아! 그분이 내 앞을 살펴주고 있는 것이 틀림없구나.

5. 이기리스해안 *イギリス海岸* Igirisu Kaigan

(The English Coast)

 '비에도 지지 않고' 시비에서 만난 일본인은 내가 가보고 싶어 하는 어느 곳이라도 자동차로 태워주겠다고 나섰다. 그렇지 않아도 북상천 따라 시비까지 걸어왔던 시간이 두 시간 남짓으로 조금은 지쳐 있던 터였다. 다시 걸어 나가서 다음 목적지로 가야 할 텐데 시비를 보고 시내로 빠져나가는 데는 적어도 세 시간은 족히 걸릴 듯했다. 그렇게 해서라도 시비에 와 보는 일이 중요했지만 가보고 싶은 이기리스해안에는 그날 가볼 수 있을지 확신이 서지 않았다. 못 가게 되면 다음 날이라도 가야겠다고 생각하고 있던 참에 일본인 안내인의 그 말은 내게 희망을 주었다. 하나마키가 고향인 사람의 자동차 안에서 북상천을 바라보며 겐지의 강가를 바라보는 감회를 어찌 말로 표현할 수 있으랴!

 자동차로 달린 지 15분여만에 이기리스해안에 도착했다. 5년 전 처음으로 왔던 때는 한여름이어서 온통 해바라기밭이었다. 여름날, 장맛비로 인해 부풀어 오른 북상천 아래 신기한 모양의 지층으로 이

루어진 이기리스해안을 걸어보지 못한 것이 섭섭해서 이번에는 이기리스해안 강바닥을 꼭 걸어보리라 했으나 의외로 물이 많이 불어 있어 아래로 내려갈 수가 없다. 나는 일본인 안내인에게 이 강 아래를 걸어보고 싶었는데 겨울철인데도 물이 이렇게 많이 차오른 게 이상하다고 말했다. 내 표정을 읽은 일본인 안내인은 천천히 설명해주었다. 겐지가 살았던 시대에는 이 강가를 걸어 볼 수 있었는데 지금은 북상천의 물을 펌프로 조절하고 있어서 이기리스해안의 강바닥을 걸어볼 수가 없다고 한다. 일 년에 단 두 번은 물을 모두 빼준단다. 한 번은 겐지 선생의 탄생일, 또 한 번은 겐지 선생의 기일忌日. 그 외의 날은 언제나 펌프로 조절한 물이 한가득 넘쳐흐르기에 강바닥을 걸어보기는 불가능하다는 것이다. 겐지 선생이 그랬던 것처럼 이 강바닥을 걸으며 탐험해보리라 했던 내 기대는 이제 꿈에 불과한 것인가.

6. 호두의 숲 くるみの森

 이기리스해안의 지형을 눈으로 볼 수도 없고 직접 걸을 수도 없는 것이 아쉬웠지만 언젠가 꿈처럼 겐지 선생이 그랬듯 아름답고 신기한 이기리스해안의 지층을 바라보며 직접 걸어볼 일을 상상하며 아쉬운 발걸음을 떼야 했다. 5년 전, 이 강가를 걸어가 잠시 쉬었던 호두의 숲으로 향했다. 겐지 선생을 찾아오는 분들께 차 한잔 대접하기 위해 열어놓은 무료 휴게소 '호두의 숲'. 지난 2019년에 이 휴게소에서 하야시 상 부부를 만나 얼마나 아름다운 시간을 가졌던가. 그분들을 다시 만날 수 없을 것이라는 건 이미 알고 있었다. 무료 휴게소는 겨울철에 호두의 숲을 개방하지 않는다는 정보를 접했기 때문이다. 그렇지만 꼭 다시 가보고 싶었던 것은 그분들과 기념 촬영했고 하야시 상과 소중한 이야기를 나눈 곳이었기 때문이었다. 얼마 가지 않아 찾게 된 호두의 숲은 폐허가 되어 있었다. 올여름에는 휴게소를 아예 운영하지 않았던 것일까. 5년 전에 있었던 전봇대 모형도 없고 건물 주변도 너무 어수선하다. 이곳은 이제 무심하게 버려진 땅이 되었는가. 겐지 선생을 상징하는 중절모를 쓰고 검은 망토를 두르고 가방을 들고 전봇대 아래 서서 찍은 그 날의 풍광과는 너무 달랐다.

이기리스해안의 바닥을 걸어볼 수도 없게 되었고 호두의 숲이 허물어져 있어 실망한 나는 말없이 북상천을 바라보았다. 5년 전, 하야시 상에게 이렇게 무료 휴게소에서 봉사하는 것이, 이렇게 사는 삶이 행복한지 여쭤보았다. 그분은 간밤 폭우로 불어 오른 황톳빛 북상천을 내려다보며 환한 미소를 지으며 대답했다. 자신은 행복하다고. 이렇게 사는 삶이 너무나 행복하다고. 그 이야기를 하면서 먼발치 강을 바라보는 모습을 보며 나는 겐지 선생이 이렇게나 많은 이들에게 행복을 건네준 것에 감사하는 마음으로 감정이 복받쳐 올랐다. 하야시 상은 한국에 돌아가면 호두의 숲을 꼭 기억해 달라고 했고 나는 이렇게 답했다.

"그럼요. 저는 언제까지나 이곳을 그리워하고 사랑할 겁니다."

내 대답을 듣고 미소 짓던 하야시 상의 모습이 내 뇌리에 아름답게 각인되어 있다. 나는 그 여행 후 일본 문학기행 원고를 한 권 분량 썼는데 제목을 '이하토브[3] 일기, 그리워하고 사랑합니다'라고 정했다. 언젠가 이 이름으로 문학기행집을 낼 수 있으리라.

7. 라스치징협회 羅須地人協会

차디찬 북상천의 이기리스해안에서 빠져나오자 일본인 안내인이 자신이 안내하고 싶은 곳이 몇 군데 있다고 한다. 이와테현립하나마키농업고등학교 근처에 있는 라스치징협회와 겐지가 '은하철도의 밤'을 구상했던 은하교 두 군데라고 했다. 신세 지는 것이 미안했지만 자동차 없이 가 볼 수 없는 곳인지라 감사의 뜻을 표하고 안내를 부탁드렸다.

2019년에 한여름에 라스치징협회에 왔지만, 한겨울의 풍경이 보고 싶기도 했다. 그 옛날 녹음이 짙었던 비 오는 라스치징협회의 풍경이 생각났다. 겨울엔 어떤 표정으로 우릴 맞을까 생각하는 사이

---

3) 미야자와 겐지가 생시에 꿈꾸었던 이상 속의 세계를 명명한 이름.

이와테하나마키공항이 저만치 나타났다. 그때 나는 이와테하나마키공항에서 일본 항공기를 타고 삿포로까지 갔다가 거기서 대구로 귀국했다. 출국과 귀국을 인도해준 이와테하나마키공항 또한 겐지 선생이 우리에게 내준 선물의 하나였다. 앞으로 몇 차례 더 온다고 해도 이와테하나마키공항에서 탑승 수속 할 날을 또다시 경험하기는 어려울 것이다.

그런데 우리는 난감한 상황 앞에 섰다. 라스치징협회 앞에 공사알림판이 있었고 그 건물은 접근 금지 구역이 되어 있었다. 그리웠던 저 검은 건물, 그 비 오던 여름날의 라스치징협회는 황량한 언덕 위 폐허처럼 고독하게 옷깃을 날리고 있었다. 건물이 접근 금지되어 있었지만 우리는 스파이들처럼 몰래 가까이 다가갔다. 주변에 누군가 있다면 급히 숨어버릴 요량이었다. 우리는 영화의 한 장면처럼 해지는 이와테하나마키공항의 들판에서 발소리를 죽인 채 몸을 낮추며 두근거리는 심장을 부여잡고 극적으로 건물 근처 작은 공간으로 숨어들 수 있었다. 너무 긴장한 나머지 숨도 제대로 쉬지 못한 채였다. 그곳에 당도한 우리들의 얼굴은 벌겋게 상기되어 있었다. 우리는 서로의 얼굴을 보자 웃음보가 터져 버렸다. 서로의 표정이 너무 진지했기 때문이었다. 처음 만난 국적이 다른 타인들이 이렇게 한마음으로 극적 드라마를 찍는 즐거움이 극에 달해 크게 소리 내어 웃는 일은 정말로 흔한 일이 아닐 것이다. 아무도 없는 겨울의 황량한 겨울 들판, 공사를 하는 헐벗은 검은 건물 앞에서 한 일본인과 이렇게 호탕하게 웃으며 노을을 맞으리라고 누가 상상이나 했겠는가!

 일본인 안내인은 라스치징협회를 열심히 설명해 주었다. 이곳에서 누이동생과 잠시 함께 살았던 이야기를 듣고 보니 영화 같은 장면이 머릿속에 떠올랐다. 지병으로 고생하는 누이동생은 라스치징협회 2층에서 살고 1층에는 오빠 겐지가 산다. 오빠는 위를 올려다보며 동생을 부르고 동생은 아래층의 오빠에게 답한다. 겐지가 학교 근무를 마치고 돌아올 때 먼발치서 2층을 바라보며 동생의 이름을 부르는 장면이 눈앞에 그림처럼 나타났다. 5년 전 라스치징협회에 왔을 때는 그저 안내판만 읽었을 뿐인데 이번에는 겐지 선생이 보내준 겐지 안내인 덕분에 이렇게 노을 같은 오누이의 사랑을 그림 그려볼 수 있었다.

8. 제1은하대교, 제2은하대교

 해가 지고 있었기에 서둘러 라스치징협회에서 탈출해야 했다. 들어올 때 그랬던 것처럼 우리는 고개를 숙이고 발소리를 죽이며 주변 사람들 눈에 띄지 않으려고 안간힘을 쓰며 그곳을 빠져나왔다. 공사가 언제 끝나는지 궁금했는데 일본인 안내인이 봄 전까지는 수리가 끝날 것 같다고 알려준다. 그런데 이 공사는 라스치징협회 자체의 공사가 아니라 이와테농업고등학교 옆에 있는 '은하교' 아래 하천 토사 방지하기 위한 공사의 일환이므로 라스치징 자체를 개조하거나 새롭게 꾸미는 일은 없을 것이라 한다. 어떻게 되었을지는 다시 와 봐야 알 수 있을 것이다. 결국 나에게는 라스치징협회에 다시 들러야 할 이유가 생긴 셈이다.

 일본인 안내인의 차를 타고 한참 달렸다. 선로는 있으나 기차가 다니지 않는 길옆 도로를 달려 어느 지점에 도착했다. 어둠이 이미 땅에 내려앉았으나 나는 밤이 되었다는 사실도 잊고 제1은하교 앞을 한참이나 뛰어다녔다. 이 장면은 정말로 현실인가!

이 길 위로 기차가 달리다가 하늘로 솟아 오를듯한 아치형의 은하교는 내가 생각했던 것 보다 훨씬 더 낭만적인 모습을 하고 있었다. 가까이 다가가 보니 얼마 전까지만 해도 기차가 다녔다는 안내판이 서 있다. 그리고 미야자와 겐지가 은하철도를 보며 꾸었던 꿈의 세계를 재현한 'SL은하'철로가 이 근처에 또 있다는 사실을 알았다. 일본인 안내인이 나를 마지막으로 데려다줄 곳이 바로 제2은하교라 한다. 한참 동안 사진과 동영상을 찍었지만, 그는 나를 재촉하지 않았다. 오히려 어린아이처럼 좋아서 이리저리 뛰어다니는 나를 흐뭇하게 바라보았다는 것을 뒤에야 알고 나니 조금은 쑥스러워졌다.

인근 제2은하교로 향했다. 안내인의 말로는 제1은하교보다 2은하교가 훨씬 아름답고 눈에도 잘 들어온다고 한다. 아치형의 오래된 다리를 보고 놀라고 말았다. 다리가 선명하게 보일 뿐 아니라 아치형의 형태가 얼마나 아름다운지! 그때 마침 조명이 들어오기 시작했다. 그러자 금방이라도 기차가 아치형 다리 위 선로에 내려앉을 듯한 착각을 불러일으킨다. 아치형의 푸르고 붉은빛이 나는 다리로 다가

가는 순간 내 영혼의 문이 활짝 열리고 있었다. 이토록 아름다운 다리를 바라보며 그 누가 글을 쓰지 않겠는가. 이토록 아름다운 강이 흐르고 있는 다리 위에 기차가 달릴 때 누가 이 낭만적인 광경을 그냥 지나치겠는가! 우리가 사랑했던 애니메이션 '은하철도999'는 이 다리로부터 시작되었다. 하지만, 이곳에 발 디디지 못한 사람들은 이 환상적이고 낭만적이고 혁명적이기 까지 한 '은하철도의 밤'이라는 역작의 참모습을 느끼지 못할 것임이 틀림없다. 와 보지 않고서는 알 수 없는 신비로운 은하대교, 그리고 은하철도의 밤에 등장하는 조반니와 캄파넬라[4]의 우정, 그들이 바라보았던 하늘, 검은 우주를 달리면서도 끝없이 상상의 나래를 펼치며 전개되었던 영화 같은 장면들, 북상천에 노닐고 있던 호수 속 백조들의 우아함…. 이런 것들은 결코 무아의 공간에서 싹튼 것이 아니라 실제 하는 모델을 기반으로 한 예술의 세계이다.

---

[4] 미야자와 겐지 미완성작 '은하철도의 밤'에 등장하는 주인공 이름들.

아직도 감동으로 뛰는 가슴이 진정되지 않았을 때 일본인 안내인이 나에게 마스크와 감기약을 내준다. 목감기 초기 증상이 있었는데 약 먹을 생각도 하지 못하고 마스크도 하지 않은 채였다. 함께 다니는 동안 여행자의 몸 상태를 알뜰히 살펴준 안내인의 마음에 감사하게 된다.

제2은하교를 둘러본 뒤 숙소 근처 식당에서 밥을 함께 먹고 헤어졌다. 언제 다시 볼 수 있을지 알 수 없지만, 그는 말했다. 하나마키 사람이라서 언제나 하나마키에서 기다리고 있겠다고. 언제일지 모르겠지만 다시 하나마키에 온다면 여행자의 길을 다시 함께 걷고 싶다고. 여섯 시간 이상을 함께 지냈던 겐지 선생의 전령사에게 손을 흔들었다. 이 타국에서, 낯선 일본인을 향해 섭섭한 마음으로 손을 흔든다. 오늘 있었던 일은 어쩌면 꿈이 아닐까?

9. 묘엔지 妙円寺 Myoenji

하나마키의 마지막 날, 아침을 먹고 하나마키역에 나가 다음 여행지인 히라이즈미역 차표 좌석 예

매하고 큰 캐리어를 끌고 '묘엔지'라는 절을 향한다. 이 절은 5년 전 이기리스해안 '호두의 숲'에서 만난 하야시 상이 기거하고 있는 곳이다. 2020년쯤 소식이 궁금해서 하야시 상과 통화를 했는데 '묘엔지'라는 절에서 지낸다는 소식을 전해주었다. 그 이후로 편지를 보냈는데 답신이 없어서 하나마키에 온 김에 그분을 찾아가 보기로 했다. 캐리어가 커서 걸어 다니는 것이 불편하긴 했으나 잠시 다녀오리라 하고 엉거주춤 길을 나섰다.

절의 규모가 생각보다 크다. 그분을 만나 뵐 수 있을지 알 수 없었지만, 인연의 소중함을 생각하고 용감하게 절 안으로 들어갔다. 스님 한 분을 만나 하야시 상을 만나러 왔다고 하자 슬픈 표정으로 말씀하셨다.

"그분은 작년 이맘때 돌아가셨습니다."

북상천을 바라보며 당신의 삶이 행복하다고 하던 노인의 그 평온했던 눈빛이 한없이 스쳤다. 잠시 후 스님이 할머니 한 분을 모시고 나왔다. 우리는 서로 아무 말도 없이 바라보았다. 낯선 두 사람의 만남…. 침묵이 잠시 흐르고 마침내 내 쪽에서 그분이 하야시 상 부인이라는 사실을 먼저 알아보았다. 할머니는 여행자였던 나를 그리 유심히 보지는 않았던 듯하다. 나는 할머니께 할아버지가 돌아가신 줄도 모르고 만나 뵈려고 찾아왔다고 말했다. 이기리스해안, 호두의 숲에 다녀왔는데 지금은 아무도 없더라고 말씀드렸더니 고개를 끄덕이며 내 손을 잡아 주신다. 할머니는 이내 눈물을 흘리셨다. 나도 할머니의 손을 잡고 있다가 울음보가 터졌다. 눈물을 막아낼 재간이 없었다. 둘 다 흐르는 눈물을 닦아가며 하야시 상에 관한 이야기를 나누었다. 나는 하야시 상의 명복을 빌 수 있도록 해 달라고 부탁했고 스님은 기꺼이 법당으로 나를 안내했다. 법당 안 어느 면에 하야시 상의 이름이 적혀 있었고 나는 한국식으로 절을 하고 향을 피우고 그분의 명복을 빌었다.

절 마당까지 마중 나온 하야시 상의 부인과 스님과 종무원 직원들과 기념 촬영하고 나오려 하자 스님이 캐리어가 너무 크니 자동차로 하나마키역까지 배웅해주겠다고 한다. 사양했으나 캐리어를 끌고 언덕을 넘어 역까지 가는 것은 무리라고 하며 한사코 탑승을 권했다. 어쩔 수 없이, 어쩌면 하야시 상

부인이 그것을 원할지도 모른다는 생각이 들어 절에서 내어주는 흰색 자동차에 몸을 실었다. 우리는 이별 앞에서 또 울었다. 할머니는 남편을 찾아와 준 내가 고마워서 울고 나는 내게 행복을 가르쳐준 하야시 상이 고마워서 울었다. 그렇다. 우리는 슬픈 삶을 살고 있지 않다. 슬퍼서 우는 것이 아니라 고맙고 행복해서 우는 것이다. 그것이 너무 행복해서 감사, 또 감사하게 된다.

하나마키역에 들어서니 감회가 새롭다. 2019 여름, 처음 이곳에 와서 얼마나 간절한 마음으로 겐지 선생의 자취를 따라다녔던가. 그때는 그때대로 행복했지만, 이번엔 더 큰 행복을 찾게 되었다. 겐지 선생의 영혼이 나와 함께했고 여로는 즐거웠다. 눈물도 있었고 놀람도 있었고 흥분도 있었지만, 그것보다 더 큰 기쁨은 세상의 사랑을 알게 되었다는 것이다.

곧 나를 태울 기차가 도착할 것이다. 나는 아쉬운 마음으로 역 플랫폼을 둘러보았다. 그때, 갑자기 큰바람이 불어왔다. 캐리어가 멀리 굴러갔고 사람들은 펄럭이는 옷깃을 여몄다. 나는 동영상을 찍고 있었는데 갑자기 불어닥친 바람 때문에 당황한 목소리가 영상에 그대로 담겼다. 곧 나는 알았다. 이 바람은 역시 겐지 선생이 내게 주는 선물이라는 것을. 이렇게 하나마키를 떠나지만, 이참에 겐지 선생의 영혼이 나와 함께 한국으로 여행을 떠나기로 결심했다는 것을, 그리하여 함께 기차에 오르기로 했다는 사실을 그렇게 알려주고 있다는 것을, 플랫폼에 부는 바람은 '은하철도의 밤'을 있게 한 아름다운 영혼의 바람이었다는 것을.

겐지 선생은 나와 함께 기차에 탑승했다. 우리는 그렇게 남은 여정을 보내고 한국행 비행기에 탑승한 후 드디어 내 고장에 당당하게 입성했다. 그동안 그의 이상향 '이하토브'를 함께 거닐었듯이 이제는 나의 이상향 '미루나무숲에서'를 함께 거닐게 될 것이다. 그렇다, 이번엔 내 편에서 겐지 선생에게 아름다운 세상을 선물해 줄 차례가 된 것이다. 우리들의 미루나무숲을 향한 여행은 이렇게 시작되었다.